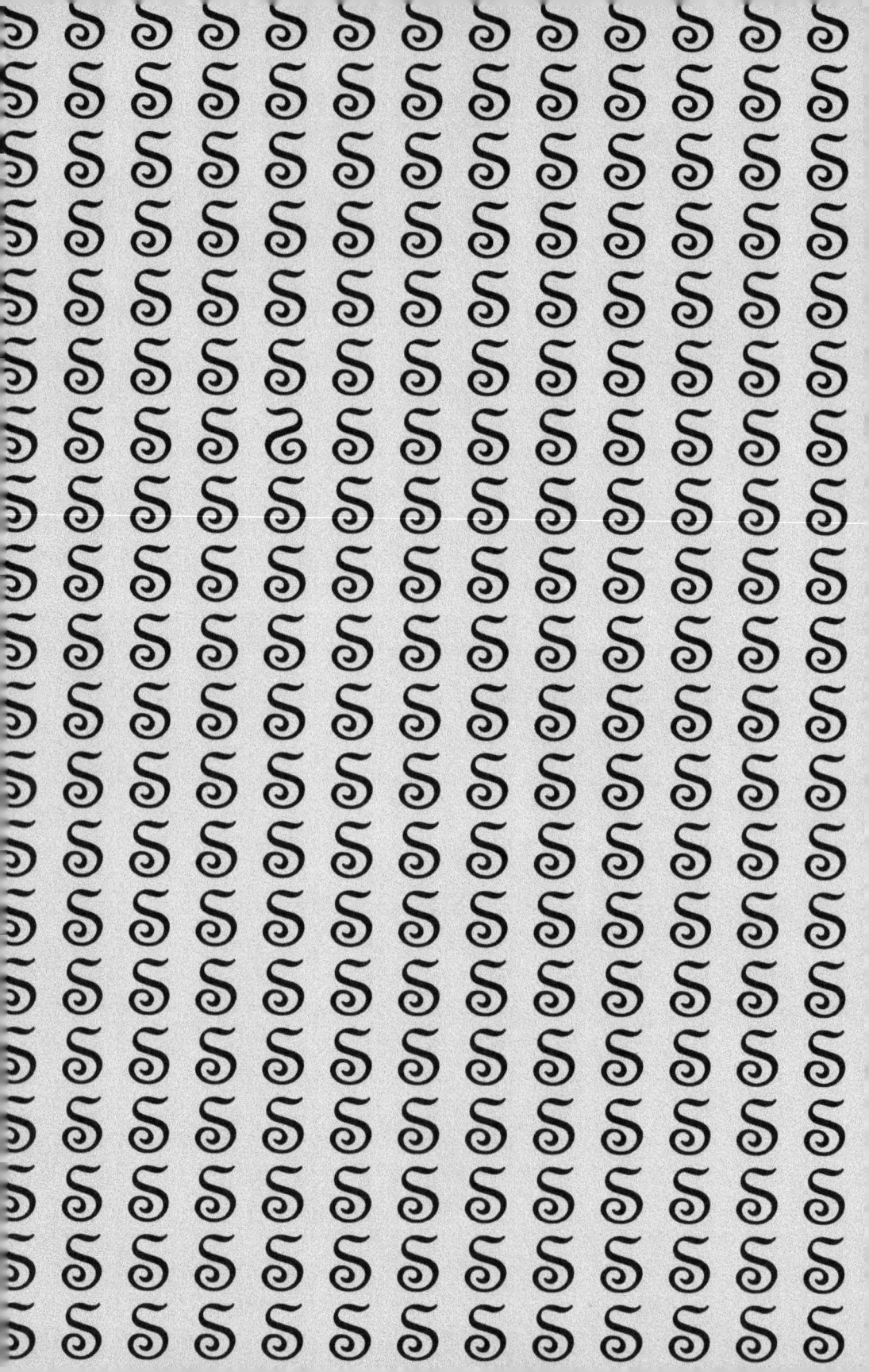

Varona

y

Cantos

a

Olecram

Varona
y
Cantos
a
Olecram

Mónica Montero F.

Poetisas al Sur del Mundo

Editorial Segismundo

S

© Editorial Segismundo SpA, 2016-2021

Varona y Cantos a Olecram
Mónica Montero F.
Colección Poetisas al Sur del Mundo, 14

Primera edición: Julio 2016

Versión: 2.6

Copyright © 2016-2021 Mónica Montero F.

Contacto: Juan Carlos Barroux R.<jbarroux@segismundo.cl>

Edición de estilo: Juan Carlos Barroux Rojas

Diseño gráfico: Juan Carlos Barroux Rojas

Diseñador de la portada: Juan Carlos Barroux Rojas

Ilustración de la portada: Sir Octavio

Fotografía de la contraportada: Nicolás Patricio Moreno M.

Registro Propiedad Intelectual N° 259.559

ISBN-13: 978-956-9544-38-5

Otras ediciones de

Varona y Cantos a Olecram:

Impreso en Chile
ISBN-13: 978-956-9544-65-1

Tapa Dura – Amazon™, etc.
ISBN-13: 978-956-6029-72-4

POD – Amazon™, EBM®, etc
ISBN-13: 978-956-9544-38-5

eBook – Kindle™, Nook™, Kobo™, etc.
ISBN-13: 978-956-9544-66-8

Dedico este libro a mis hijos

León, Oscar y Nicolás.

Ustedes son la luz de mi vida.

Nota para Cantos a Olecram

Olecram", anagrama o más bien palíndromo de "Marcelo" que en este caso no es el mar y cielo huidobriano sino tierra viva y cuerpo amenazado, personaje fantasmal, visceral y urgente de las orillas de la ciudad-territorio emplazado sexual y socialmente, voz sitiada y canto sobreviviente en el margen, donde el nudo es otro centro y el poder, lo "a salvo", lo seguro, lo confiable, termina siendo lo verdaderamente marginal y lo afanosamente frágil, lo sanguíneamente precario es lo único estable. Celebro esta obra de mi amiga Mónica Montero y ella también sabe que por alguna esquina nuestras escrituras comparten respiraciones.

Leonidas Rubio
Premio Nacional de Poesía Eduardo Anguita 2013
Curicó 2015

Varona, líbranos de la sed

"Y voy a vivir de todas formas"

Interrogar la propia historia, vivir en la sencillez de la forma, quedarse en el espíritu de una imagen y a veces cantar sin voz. Son tantas la maneras de aproximarse al trasfondo de un poemario que escoger un solo acceso es imposible. Todo poema contiene y es contención de lo que podría devenir o suceder en la historia de cada lector que entrelaza su experiencia vital con el mensaje poético que devela una errancia por el pasado de tantos hombres que alguna vez sintieron y pensaron del mismo modo que él. Parece no haber historia más que una común: emoción, pregunta y misterio. Creo que estos tres primeros ejes son los que debemos considerar al momento esperar la irrupción de "Varona" ante nuestros ojos que se extrañan primero por su nombre, que iguala condición femenina a la masculina en un mundo que presiente la pérdida salvaje de la emoción, y segundo que nos retrocede a una mitológica mujer que desobedeció el mandato divino de acompañar al hombre desde su origen.

"Varona" nos conduce desde sus primeros versos a la mítica Lilith, una suerte de *alter ego* de tras fondo que la voz poética debe cargar como condena, presagio o destino a medida de que avanza su confesión vital de desencanto como mujer insurrecta, temeraria, capaz de enfrentar todas las fuerzas que pudieran impedirle la salida de los dominios que le impone el hombre, lo social, lo cultural y hasta lo más humano; el amor.

El reposo del personaje mítico, según consta en la literatura bíblica, se encontraba en las oscuridades. Una medida que el creador le impuso por haberse negado a ser la compañía del primer Adán. Rebeldía, insurgencia, libidinosidad, perversidad son sólo algunas de las pasiones que la acompañaron en su vagabundaje, y que en el poemario se convierten en relevantes directrices de la lectura como latidos de una Varona que increpa a su suerte, a su condición y a todo aquél que haya sido parte de su experiencia terrenal. Parece que recogiera de Lilita o Varona las fuerzas que habitan en su inconsciente para reaparecer hoy en cada poema cuya fuerza expresiva es muestra de una poética que inquieta en cada verso y que multirecciona sus sentidos hacia voces ya familiares como la de Alejandra Pizarnik, fuente de colorido para tanto poeta de los noventa.

Somos muchos los que escuchamos con admiración los poemas de Mónica Montero en noches de poesía en casa del adorable padre y maestro Samir Nazal y quizá otros anónimos lectores que en más de una noche de conversación, de humo y vino, de autores universales, de crítica e intercambio pudieron asomarse a los versos de una joven autora que prometía cada año la impresión de una obra en barbecho: Varona. Todos formamos parte de una generación que tendía a disgregarse en medio de la soledad global oímos alguna vez el anuncio del libro. Ahora contamos con el deseo cumplido.

Tener los poemas nacidos en libro, tomar el cuerpo que merecieron siempre para aquellos que seguimos su poesía a través de los años y que se nos hizo familiar en la recuperación fantástica de la memoria es un momento único al que debemos acercarnos atentamente, porque cada palabra está cubierta de sentido y lo despliega cada una incluso en sus propios silencios.

> **Los gusanos, hijos pródigos.**
> **Por ellos la muerte**
> **y la cruz**
> **por ellos el barro**
> **y el amén.**
> **Para ellos fuimos lanzados a la noche.**

Sangre, maternidad, hijos al amparo materno, sombras, amarguras, secreciones, etapas diversas del día que transcurre, milagros que se esperan, rezos e increpaciones a un Dios que oculta en lo cotidiano a cada poeta que debe pervivir y autoabastecerse. Son inolvidables los versos "La noche se acuesta conmigo/ sólo nos queda esta noche", "Padre nuestro que estás en la botella" o los versos que enriquecen el cuerpo de este libro:

**En esta hora de llanto
no se atreva la flor a emanar
ni se asome la luna
Que esta oscuridad que duele
es mi dueña
y antes de ella
yo estaba sola.**

Haciendo una variación en el rango divino, "Varona" viene a "librarnos de la sed" que tenemos de contemplar, oír y compartir la verdadera poesía. Para leerla, entonces, les sugiero lo mismo que afirman sus versos: "no canten canciones" "ni ordenen la mesa" "ni digan, hola amor" "ni, adiós, cariño", simplemente deténganse a oír esa piedra que Dios lanzó en nuestro tejado de vidrio y cuyo eco se convirtió en el alimento que anima a cada poema y al conjunto todo de este imprescindible poemario de nuestro tiempo.

Cristián Basso Benellí
abril de 2008

Varona

I

Varón sería muy poco

para esta sensación de Dios

que llevo dentro.

¿A quién se la habrá ocurrido?

Los niños asilados al seno,

      el cuento

de un río rojo que te nace y te muere.

¿Quién me hizo milagro?

¿A quién le adeudo la infancia de muñecas,

los tejidos?

¿A quién la falda húmeda,

la boca y el escote?

¿Quién me hizo Varona?

Más celosa que la luna.

¿Sabrá mi sombra?

Mujer,

hecha de llagas.

Soy

torrente sanguíneo confuso

mañana y tarde.

Corriendo y corriendo

con un niño en las enaguas.

Tibias las entrañas, teta y leche.

¿Me culpará la sombra

de haber mordido manzana?

¿Sospechará mi sombra,

que entre piernas

cantan ruiseñores?

¡Que un beso

fecunda la tierra!

II

Amo al verbo

cuando se abre camino

entre los muslos.

La buena esposa

La única habitante…

Atravieso tentáculos de fuego.

Soy la hembra,

    tras tus pasos y tu rastro.

La que finge,

la que demanda y solicita.

    Cruz

que tu espalda carga.

Yo quería...

Todas íbamos a ser reinas,
de cuatro reinos sobre el mar:
Rosalía con Efigenia
y Lucila con Soledad.

(Gabriela Mistral)

Yo quería ser la puta

que dormía con el capitán,

viajes todo el año

vestidos de muñeca.

Carcajear femenina,

empinar el codo hasta el fondo.

Baile y joyas,

      Noche.

Y un baboso millonario

      contando sus mentiras.

No se cumplen todos los sueños en esta vida.

No soy la única.

Otras iban a ser reinas

y sepa Dios

en qué reino reinarán.

Amiga

Labio y labio no engendra

ni volar

ni alas

ni pájaros.

Guarda el beso

esconde el rostro

mata a la ampolleta, si te mira.

Los escapularios duermen después de doce,

y la manta se desliza con prontitud.

Cuando muere el sol de frío.

Quien sabe de amores

canta a media voz

y se esconde desnuda tras la puerta

de su mejor amiga.

Desnuda

No es la entrepierna la única que sangra

muestra el corazón

   y acepta.

      Loba,

         perra o rosal

no importa el nombre.

Si no tienes alas,

¿qué sabes de jaulas?

Hay enjambres desnudos en las calles,

un cordón umbilical embollado al miedo.

Y el amor

amor pasó y no lo viste.

Tenías los ojos apagados

Manos muertas

el vestido que robó el invierno.

No puedes negarte a las espinas

después de parir.

Rosas.

Conozco el amanecer...

Penumbras:

la noche más fría

registrada en los infiernos.

Sé donde habitan monstruos

y abismo.

He palpado

mano a mano las heridas.

Acumulo llantos en mi almohada,

sobre los insomnios sin tregua

los recuerdos.

Y al paso del invierno me entero

que no he muerto de amor

en tu ausencia.

Silencios

Mortales silencios que viven enlenguando migajas y
[sus palomas

que acunan palabras dentro y fuera de la sangre.

Silencios definidos rodando segundos que escaparon al
[reloj.

Hay mujeres que son silencio,

Que dicen un parto de voces

encadenadas al manojo de alalias

tumbadas boca abajo.

Enmudecidas en la sombra

estilan una música ajena

enjaulada

como arenas movedizas atrapando galaxias.

Una fiesta de orejas muertas.

Hay mujeres que silencian el silencio

con los vientres llenos y sangrantes

cabizbajas guardando en los ojos el llanto

ramas secas que se

exhiben en los caminos.

Con todos los silencios en la carne.

Que no sea yo, señor, la del espejo

Una estampa descolorida

entre libros mustios.

Esta casa un barco,

piélagos arrastrando figuras.

    La comarca roída,

un techo de golondrinas mortinatas.

¡Si yo fuera esa, Señor!

¿Dónde, la que era?

Mi nombre

Motivo impreso

de tu llanto.

Todo el vacío

que llevas en tus ojos

culpa de mi beso

vagabundo.

Que no sea.

Levanto los huesos del camastro...

Recorro la noche como una lámpara.

He visto a las horas morderse,

he visto como no se extinguen tus ojos

                    recorro la noche.

Los milagros envejecen en mi boca.

                    Ya no digo mis oraciones.

Recorro la noche

          y voy a vivir de todas formas.

El ahorcado es un artista

Se exhibe

en medio del salón.

Desde la viga más alta,

donde la luz se cuela

por la claraboya verde.

Brillo y hedor a musgo.

Se mantiene erguido

      insultante.

Su pago es el aplauso;

el grito de la galería,

un silbido.

Cuando baje el telón,

limpiará de salivas la voz,

para volver la lengua a su sitio.

Cuando baje el telón

y haya terminado su acto.

Mónica Montero F.

Soy como Cristo

…A veces

multiplico el pan en mi mesa.

No me alcanza para pescado y vino

¡Ya lo dije! Soy como Cristo,

de ninguna forma soy él.

¿Acaso me han visto pidiendo a mi padre,

que aleje de mí, esta hora de espanto?

Alguien me piense bailando y me salve

Alguien me saque los alfileres del pelo.

Una sombra de mansedumbre

      me despierte y me duerma.

Una boca coagulada

      me desangre.

Lugares luminosos

Piedras filosas se mecen entre sí,

miles de patas de agua,

crispadas

      crispándose.

Las indecisiones, colapsos nerviosos.

El olvido repentino del olvido,

      yerbas, pastillas.

¡Son tantas las cosas que me apartan!

Sin embargo mi nombre,

suena como los nombres

         de aquellos

que habitan.

      Lugares luminosos.

Fe

Un día te despiertas cansado.

No tienes fuerzas ni para ver un rostro

te quedas sumido en el cuarto oscuro

saboreando traición

tragando derrota.

Te das cuenta que dios es el diablo

el diablo la peste que te aqueja.

Ese día lo has perdido todo

parte de tu sangre navega lejos,

no llama

      no escribe

            ni te nombra.

Te faltan dientes para morder el desengaño.

—Recuerda—

¡Siempre hay una salida!

Una ventana abierta.

Un rayo de luz

        la caja de los recuerdos

                la herencia.

Entonces puedes apretar el gatillo y deslizarte.

No me puedo los huesos

Sálvame la vida,

Vida.

Arranca mi cuerpo a la sombra,

a las voces azules

que atronan mi frente.

Antes que el sereno se queje de mi ausencia.

Sálvame la boca y los besos.

Estos zapatos me hunden, cariño,

me vierten.

Levántame o recógeme.

Ahora los puñales duermen

sálvame la vida,

que no me puedo los huesos.

No canten canciones...

Ni ordenen la mesa,

no digan "hola amor"

ni "adiós cariño".

Que la saliva amarga que engendro

puede derrumbar.

La tierra oscila en tinieblas,

no se aleja mi duelo,

se nutre en la pestilencia.

Muero en los ramos

deshojando soles,

maldiciendo el mar,

llena la boca de gusanos.

En esta hora de llanto,

no se atreva la flor a emanar

ni se asome la luna.

Que esta oscuridad que duele

es mi dueña

       y antes de ella

          yo, estaba sola.

Soy

Soles de ceniza, escupitajos,

la soledad del cuarto,

la orfandad entre mis manos

la oreja encarnada a la sangre

una canasta de huesos.

Soy

la loba en su madriguera de odio,

un grano de arena

en esta playa amarga,

un sepulcro sin flores

ni deudos.

Anda con mi sangre un dolor

Soplo acuoso de sangre sin fuerzas,

el diminuto oleaje de arenas,

    ando con la voz

áspera y lenta:

la final actitud de la entrega

de quien mata y no muere,

de quien entra y no penetra.

    Ando con el pecho

en recuerdos

en busca del cuchillo

    y los ojos ciegos.

El paso vagabundo

      del camino al infierno.

Ando sin andar

balanceo el rostro

en la paciencia.

      Una sombra en la carne

una sombra en la fe

      y me atormenta.

En la jaula

Afuera hay sol.
No es más que un sol
pero los hombres lo miran
y despúes cantan.

(*La Jaula*, Alejandra Pizarnik)

Mi cadáver puede más que yo.

Él recorre las paredes

de aquella casa pintada de siesta.

De esos improvisados padres

que dormían a mí junto

y tan lejanos.

Hace tiempo, cuando yo era vieja,

ondeaba pañuelos al sol.

Descalza,

buscando un rostro,

buscando inocente, el fantasma de algún rostro.

En ese tiempo, yo era feliz,

desamparadamente feliz.

Mónica Montero F.

La hoja a la sombra

Yo a los rezos.

Aguanto la vida y sus juegos.

Duermo con ella, palpo sus lumbres.

El infierno me teme.

El tiempo rehúye mi rostro.

Risas, llantos, niños.

Todo sucede en mi guerra.

Llevo las palabras a mi boca,

bebo odio, trago recuerdos,

denuncio secretos que robé al alba,

visto y desvisto santos.

Le juego una broma a la muerte

                 y muero antes

                      de que llegue.

Otras señales

Conmueve aquel silencio

tras la penumbra.

Soledad se acumula

y cubre la atmósfera.

El aliento dormido

en los ojos yermos.

La muerte no tiene escrúpulos

                    se burla

de la soledad de la carne.

Mónica Montero F.

El sol se clavó en mí

A tientas

abracé a mi padre.

El vino fue agrio

      sucumbió la piel.

Yo sabía a quién crucificaban,

      cerré los ojos y dormí.

Siento

La tierra me asfixia

       lentamente

oscureciendo mis ojos.

    Siento.

Como sienten los muertos.

Lázara

Recuerdo el día de mi muerte.

La voz originaria en mi nuca destrozada.

"Levántate y anda" dijo.

Yo sacudí la cabeza, agité los muslos

en señal de descontento.

"Levántate y anda" volvió a decir.

Tuve que lanzar la mortaja,

asumiendo que el capricho de esa voz

retumbaría hasta el hartazgo.

Desde entonces ando,

                    pero muerta.

De: Calamidades de Job

Perezca el día que yo nací,
Y la noche que se dijo: Varón es concebido.
Job 3:3 Lamentos de Job

El milagro consiste en llamar fuerte.

Fuerte.

Llagarse la piel hasta la podredumbre,

rasgar el manto, postrarse en tierra.

¡A ver si te incluye el señor!

En la antología del miedo.

Mónica Montero F.

Los grillos

Los grillos no sirven

a ningún dios.

Se endiosan solos

y recogen la esfera

en medio del sueño.

Los grillos

recolectan gemidos,

los embollan y venden.

Se pueblan nocturnos

en los aposentos sucios

lejanos a la ciudad.

No dicen padre nuestro

ni llevan escapularios.

¡Ellos, no encienden velas!

Por eso están confinados

a vivir subterráneos

y cantar sin voz.

Mónica Montero F.

Padre nuestro

Padre nuestro

que estás en la botella.

A tu salud

sean los nombres.

Vénganos tu resaca.

Y hágase la borrachera,

así en el bar

como en las cantinas.

Danos hoy un cáliz

de aguardiente.

Líbranos del día lunes.

Perdona nuestros vómitos,

así, nosotros

perdonamos el tuyo.

No nos dejes caer

en esquinas orinadas.

Mas líbranos de la sed.

¡Salud!

La fiesta

Dios lanzó una piedra a nuestro techo de vidrio:

se oscureció el cielo.

Llovieron estrellas diminutas

y puntiagudas.

Escondimos el rostro, avergonzados,

y, protegidos del fuego, guardamos silencio.

El pánico nos hizo pequeñitos

                    por un instante.

Luego

     dios volvió a dormirse.

Nosotros,

     seguimos la fiesta.

La cita

Nada, dos mil años

para quien borda calendarios

y se sienta a observar;

Como las hormigas

huyen del hormiguicida

y del oso hormiguero

　　　　　y de las mismas hormigas.

Dos mil años es tanto

para quien se siente observado

y manoseado por un loco

　　　　　que no se atreve a dar el rostro.

Hijos

La noche se hospeda en un pozo

                              caliente.

Estalla, se reviene y nos condensa,

en una sobredosis de ojos.

Los gusanos reinan entre nosotros

nutren sus panzas de manos hediondas,

pieles flácidas y descolocadas.

                    Los gusanos, hijos pródigos.

Por ellos la muerte

                    y la cruz

por ellos el barro

                    y el amén.

Para ellos fuimos lanzados a la noche.

III

Al verbo hay que parirlo.

Con dolor y crujir de huesos,

con charcos y coágulos.

                    Hay que abrirse

o partirse las carnes.

Para que nazca con la boca llena

                    de alas.

PRIMER CANTO
(Llueve)

Llueve

Dentro y fuera de los huesos. Llueve

—escapularios dormidos—.

Garúa al rostro.

Guerra en las guerras del suplicio.

Llueve, en la fábula incendiada

una lluvia de ojos y sombrero.

Se nos llueve

en el epitafio de soles

como niños atravesados por espadas candentes.

Llueve y no deja de llover y me atraganto,

en este oleaje de eslabones y lágrimas.

Llueve y me lluevo y te llueves,

esperando la muerte y sus lluvias.

Algo simula el miedo y sus hijos

     y no es cierto.

Hasta el miedo está lloviendo.

     Llueve

por más que tu boca en mi boca

simule un milagro.

Mónica Montero F.

Me están creciendo ramitas

En las palmas,

en las plantas.

Son finos tallos

que se esconden tras el pliegue

de la arruga.

Trepan silentes la espalda

hasta calar el cráneo.

Allí

cavan pasajes y campos

que crispan los ojos.

Por las noches se yerguen

les siento

liar las cuencas.

Imaginario

Tres en la cama.

Se entrecruzan las manos

sin verse los rostros.

Se muerden, se lamen, se frotan.

Hay tres en la cama y ninguno sobra.

Me queda grande la fe,

las mantas sueltas,

la peste roja.

Hay tres gusanos a la sombra.

Un vómito triste me despierta

Es hora de vestirse de negro,

vender los lirios,

salir gritando a las esquinas.

El reloj se queja un segundo.

Yo. Recuerdo a un hombre

           que se fue con otra.

Ausencia

Tengo tu ausencia metida en las ganas

bajo la cama y mis ropas.

Tu no presencia, de plata

como garúa en cajas vacías

nostalgia aplastando palomas.

Tengo la falta que me hace tu cuerpo.

Vestido negro.

      Silencio grande.

Así, la avara cuida su oro.

Me cuelgo a tu ausencia

la llevo pegada

como cáscara de luna.

Un collar de ojos

y sus lágrimas de fuego.

Noviembre

Cabalgando en silencio al quejido.

Tú

       la noche

           el vino

y que nada más se adentre a la cama.

En una fiesta de milagros.

              Penetro

y me penetras la vida.

Rézame

Rézame los años

las andanzas.

Dame saliva o besos

o flores.

Rézame la imagen

las manos.

Más adentro que la noche,

más adentro.

Dame los ojos,

el esqueleto.

Rézame en tu cama,

rézame las ganas,

rézame en silencio.

Mónica Montero F.

Llévote

Cómo el limonero y su aroma

llévote adherido a la boca.

Por los siglos,

          por el miedo y la muerte.

Llévote en los bolsillos y el ombligo.

Encadenado a los miedos

asido a la mudez que me cuelga.

            Llévote

al fondo de mi secreto

y nada más se llena de mi sol.

Llévote en las rodillas

         en los rincones

Llévote.

Llévote y te dejo

      en el minuto que me faltes.

Llévome a   otro   conmigo.

Dices

Dices me voy,

y te quedas clavado a mi sonrisa.

Dices me muero

y respiras, más ambicioso que un niño,

más frágil que la luna.

Dices no estoy

         y me buscas

como la llovizna

         me abrazas.

Dices no tengo sed

y me bebes

como un moribundo.

Dices te miento

y todo lo hablas

y no me faltas ni en los sueños.

¡Dices y dices tanto!…

Que estoy deseando tu silencio.

Tu regreso

Ruidos en el cuarto,

un aroma impregnando paredes.

Sutil quejido y pasos

¡Qué no seas tú!

Ni tus manos,

no venga tu boca a sorprenderme;

sólo un fantasma

la soledad limpiando suspiros.

Sea yo.

La muerte a buscarme.

Que si llegas, que si vienes,

no he de soñar

tu regreso.

Ven

Corre por la avenida,

llega al cuerpo moreno.

Ven,

quiero oler tus olores.

Fiebres que seca la boca.

La muerte se acuesta conmigo.

Sólo nos queda esta noche.

SEGUNDO CANTO
(Eterno)

Mónica Montero F.

Eterno

Se han cansado, no deambulan

no calzan ni descalzan

sus zapatos en la lluvia.

Mojaron por dentro los huesos

y se han aislado

en un nido de ranas rojas.

Hablan de nosotros

cuando hace frío,

comentan tenebrosos los nombres;

no sea que aparezcamos.

Ellos no soportan el látigo de la nostalgia

se beben las ganas

en un sorbo somnoliento

de fotografías viejas.

Nuestros muertos se cansaron

de esperar nuevas muertes

y se han muerto en el recuerdo,

dejando asolados los caminos.

Así, nosotros el sepulcro.

Mónica Montero F.

Primavera

Debiste ver a la abuela

boquiabierta.

Los ojos metidos al fondo

la cara seca,

sometidos al viento sus cabellos.

Con las venas salientes

        heroicas.

Al filo de la noche

acostada en el nicho.

Luego la lluvia

quería despertarla.

¡Debiste ver!

A los pájaros imperturbables,

          piando.

Así, en días de fiestas.

Herida en la memoria

*No quiero una caja cualquiera, quiero un sarcófago
con rayas de tigre, y una cara redonda
como la luna para poder contemplar*
(*Últimas Palabras*, Sylvia Plath)

Conozco a las suicidas,

insomnes.

Sus ojos metidos en la ojera.

se desarman.

Ellas, acuestan a sus crías,

les besan

les piden perdón

y se arrastran solas

a la arboleda de la memoria.

Rompen la campana

sobre sus molleras,

bajan el rostro,

reverenciando la huida.

Arcano

Sé de gente muerta que escribe poesía,

transitan pasillos en medio del misterio.

Algunos se hospedan:

muebles viejos

estancias vacías.

Sé de gente que aparece

des- aparece.

Para mí estar muerto

es vivir tras un muro inmenso.

Cuando te vayas

Llévate los libros y el librero

el vino y los cigarros

llévate la sombra

los zapatos y el pijama

llévate a la muerte

el esqueleto.

Llévame a mí, contigo.

Mónica Montero F.

Tu nombre

Dedicado a Samir Nazal

Junto a las exequias solapada luz mete las manos.

Loba y lobeznos resuman colores de luto.

Al cuello la soga.   La horca al cuello.

Dije —perdóname y despierta—

Mira, que vestida de aguacero voy por caletas desnuda

me apedrea el ojo mendigo,

                    me azota la mano coja,

mis palabras se crispan ahuecando el insomnio.

¡Sí, lo dije! —Perdóname y despierta—

Entonces, el cauce llevaba el hálito de tu nombre,

tu voz ausente, retumbaba en la noche,

tu fantasma lanzaba promesas a mis oídos.

Luego la herrumbre se coló en mis huesos,

las palabras que eran mis crías

        se hicieron bestias enfermas

mi testa como animal podrido besó la tierra.

Alguien escuchó mis rezos y no era Dios,

ni tu rancia sepultura de barro.

Alguien lanzó mi extirpe contra los barrotes

        de una cárcel amarga.

Escarchada y en vano

        escribo tu nombre en la tierra.

Estéril re-clamo al firmamento.

— ¡Sólo perdóname y yo emprendo! —

TERCER CANTO
(Cantos para el olvido)

IV

Este no es el canto que ensalza los triunfos juveniles,

es el lamento viejo de extremidades hinchadas,

y el hambre matando libido.

Es la historia de esta parte del mundo,

el cuento donde el lobo se come a "La Caperucita",

mientras el leñador compra pasta en la esquina.

No hay una gasa limpia que aquiete la herida,

y todas las heridas se revuelcan en su sarna.

Residencia

Una casa se quema en la San Gregorio.

Los niños permanecen abrazados

                    tras cadenas.

Candados

                    guardaban sus sueños.

Mónica Montero F.

La condena

Tuve que construir sola mi casa

vivir en ella sin habitarla.

—Los cigarros matan el hambre,

cuándo el hambre muele las tripas—

dice, la flaca que vende seguros de vida.

Mis pasos todos equívocos

me llevaron a los confines

nunca caí tan bajo, nunca solté la vida.

Aún lapidada en la plaza del pueblo

tendí mis amantes como trapos sucios.

Me corrompí en el anhelo de la palabra.

Cortaron mi pelo,

me arrastraron

llenaron de hojas secas mis palmas

alcé la voz al cielo, y este cayó en mi nuca.

Las sobras de las sobras puse sobre la mesa

y mis hijos lamieron los huesos.

Hay que trabajar para comer

—le dije a mi niño—.

Lo arropé hasta las orejas.

Se quedó solo frente al teléfono.

Luego la fiebre lo elevaba.

Había que comprar remedios,

parafina,

un anafre, donde calentar el caldo.

—Un día de estos vendrá el papito—.

Yo mentía,

el crío se pegaba a mis costillas.

Pendencia

Has construido el peor de los fracasos

no despiertas compasión alguna

no me trago tu desdicha

ni el arrepentimiento que comentas.

Que sea otra la que te perdone,

que esa otra, crea tu pesar.

Que ella te llene de tierra y te lleve rosas.

Dejaste tu sangre correr…

tuve que lamerla.

No contento con el daño

te excusaste en mis faltas.

Reniego de la hora en que mis hijos

te buscaron en el horizonte.

Maldigo, sí, yo maldigo el dolor de ellos,

sus sueños desplumados.

Les vi llorar a escondidas

escuché tu nombre en sus oraciones,

a veces la fiebre les destrozaba las sienes

tu mezquindad les robaba la risa.

Tuve que hacerme de piedra las navidades

el día del padre y los cumpleaños.

Tuve que hacer de la vida

un canto para el olvido.

Mónica Montero F.

Una mañana luminosa

El aire y su tufo caliginoso abrieron el alba

una postal tétrica y los pájaros no cantan hoy

se quedan empotrados en las cornisas

relamiendo el sabor adiposo que anega el paraje.

Hay un muerto en la plaza.

Ahí, donde los niños juegan a la pelota.

Ahí, donde mis vecinas conversan sobre sus amores

el precio de la carne y las cebollas.

Un hedor a cuchilla arremolinada nos infecta.

Temblamos.

El fallecido se quedó allá abajo, en el centro de la
                                        [glorieta.

Nosotros nos quedamos aislados, oteando las ventanas,
        [encandilados por la luz hostil, que acaricia la silueta
                    [y la soledad de su esqueleto.

Las horas se arrastran como gusano viejo, ciego;

y se estrella   en las dunas   falsas

de la playa más lejana y falsa del mundo.

Somos gorriones viejos picoteando la esfera del dolor y
[la pobreza

a ver si de una vez, revienta la historia y volvemos a
[comenzar.

Con más dicha y menos muertos cayendo por aquí o
[por allá,

en las tumbas abiertas de los cementerios clausurados,

en las esquinas rojas, de los ríos rojos que se cansaron

de llevar huesos,

se atragantaron de carne.

Una vez nos mató la metralla y el sargento

ahora nos mata la marginalidad, la ignorancia

raíces podridas de la sociedad.

¡Mira mamá al muerto se le ve un brazo!

—Grita mi hijo—. Y me siento enferma.

La vecindad comenta

que al fallecido lo sorprendieron sobre la reja.

Intentó robar el boliche

y le falló el ojo, el olfato…

como a un águila desnutrida.

Se llevaba un puñado de billetes

una botella de vino añejo

que el almacenero reservaba,

para el aniversario

del club deportivo "Villa Ríos".

Al parecer don Nino gritó, —¡alto ahí!—.

Y el finado, dudó un segundo…

—¡Ese, fue su fin— dice doña Francisca

y se atraganta con el humo de un cigarrillo.

El cielo se ha vuelto encarnado y cercano

un aroma a fracaso se mete por las rendijas

y nos queda el paladar amargo.

Junto al crepúsculo se llevarán el cadáver.

Las nubes tapiarán el cielo.

Lo diáfano pierde su belleza esta noche.

Borrachos y desencantados poblaremos las calles.

Evocaremos el cuerpo flaco de un ladrón caído en
[desgracia,

cubierto con una bolsa plástica y negra.

No portaba navajas,

sino un nuevo testamento de bolsillo.

Por eso, alguien encenderá una vela blanca.

Glacial

"¿De qué leche se nutrieron, enfermiza y escasa?"
(Carlos Pezoa Véliz)

Hace frío en las calles,

un frío violento que perfora los huesos,

yerma las avenidas.

Los niños se escapan a los arenales.

El frío les sigue,

les pisotea los talones desnudos,

les rasga la sombra blanca del secreto,

los arrastra.

Devastados los niños se dispersan

se adentran en las caletas

se vuelven cojos

tuertos, veteranos.

Pronto se les hunden los dientes

les crece el espanto,

se quedan mustios,

y castigan a Dios.

Los niños no volverán al colegio.

Ni a la casa de la abuela,

a comer galletas.

Emigrarán a las cárceles.

A la sombra de las palabras y perpetuos,

vagarán sus recuerdos infantes.

Hace frío, mucho frío

y no es invierno.

Pecado original

El Transantiago es la fosa común de los pobres.

Aquí es donde ensayamos nuestra muerte

los huesos pegados a los huesos

y un olor a perro viejo nos nubla la risa.

Entre bostezos buscamos un escape,

un espacio pequeño de ventana

para divisar el cielo gris.

Esta ciudad acuchillada

nos refriega su herida y nos culpa.

La mujer a mi lado carga un recién nacido.

¿Qué falta habrá cometido la cría,

para merecer estar dentro de esta lata?

La farsa

Los inviernos son punzantes en la Juan Antonio Ríos.

La copa de agua sobre el edificio se fractura,

desde la cornisa hasta el primer piso

el agua cae en forma de cascada.

La faena es levantarse al amanecer

sacar con baldes, un caldo de plumas de pájaros,

hojas secas y fecas de rata.

A mi pesar, iré al trabajo.

No me   excusaré   en la lluvia incesante

que dejó a medio Santiago bajo el Mapocho.

Mi currículum vítae miente, que vivo en Providencia,

(¡de otra forma no me contratan!)

Los niños se quedarán en esta ciénaga.

Al atardecer

pasaré a la farmacia por Panadol y mis antidepresivos,

mitigaré la culpa

llevándolos a tomar onces, al McDonald's.

Juicio

El catre que adorna mi cama se ha enredado.

Gemidos.

Esta vecindad me quita el sueño,

su bullicio se cuela por la melanina que hace de pared,

leo y escribo, jamás duermo.

La gente de en junto es parte de mi vida.

Sé, cuando cenan,

cuando están de fiesta,

si discuten o se aman.

Sin embargo, no los conozco.

Mi vecina vocifera esta noche.

Dice que: don Isaías, no volverá a ponerle una mano
                                                    [encima…

Oigo forcejeos y gritos,

un llanto infantil. Silencio punzante.

Pronto las sirenas policiales despertarán a los niños

y será hora de colegio.

Vestiré el disfraz de vendedora,

cruzaré las cintas que guardan los restos de don Isaías.

Si alguien pregunta, — no he visto nada —

— no escuché nada —.

— Ellos, el matrimonio,

son gente tranquila —.

(No puedo llegar tarde al trabajo)

Mónica Montero F.

El costo

El proyectil entró por una ventana y lo alcanzó por una de las ventanas
y lo alcanzó cuando estaba recostado sobre su cama.
(*Ahora Noticias*, 19 de diciembre, 2011)

Sólo en este lugar del mundo

una bala perdida

se precia lo mismo que un niño.

En este poblado

donde se esparce el polvo

a costo sueños.

Trunco el Padre

mutilado el Hijo,

quebrantado el Espíritu Santo.

Aun silbando el viento

el cantar de los pájaros se hace

inconmovible.

Aquí, a orillas del río

escuché a los hombres

construir historias.

Más tarde

a falta de pan

lanzaron retazos de cuentos

al horno pordiosero.

Un séquito de ángeles

abre paso;

un dos tres por Vicente

y por todos los que vienen.

La piedad de los dioses

no alcanza.

Aquí afloró una vida

y aquí mismo se hizo tierra.

V

Las palabras cuelgan tapiadas de moscas.

Como animal muerto en la caleta.

Voluntad de la lengua

Escribí en los muros,

bajo apercibimiento.

Arrastrada en las veredas nublosas

de una ciudad moribunda.

Con las manos rancias

y el estómago vacío,

con la esperanza de encontrarme

      frente a frente con la esperanza.

Las palabras me desarmaron

me hicieron nueva,

        bella y sucia.

Como la bandera de mi patria.

Aprendí a escribir

en las caletas

que adornan la bruma agusanada

y los fracasos de la sociedad.

Escribí por bronca

por desolación,

por hastío y cansancio.

Porque no creo en nada que no sea yo

y el verbo que me nace.

Porque si Dios existe,

no es más que espacio

lleno de palabras.

Pertenezco

Pertenezco a los ignorados

los invisibles sin equipaje

ni bolso de vuelo.

Soy una más en el mercado.

No conozco París

ni la costa contraria a la mía.

Soy de la turba sin nombre

de la fila en el banco,

de las que se traga la bronca.

Soy pueblo,

calle y piedra,

de raíz indefinida

y la sangre revuelta.

Prefiero las cosas

Prefiero las cosas que viven o mueren de golpe.

Flores en el pantano que ven al sol de frente,

no ruegan al invierno

un espacio vacío donde lanzar su hermosura.

Me gustan los bipolares,

esos que encuentran abrigo bajo la lluvia,

secan su yerba en el patio.

Prefiero al perdido que al salvo.

Los fracasos del hombre común

porque son diáfanos, letales.

Prefiero la cicuta al Demerol,

las almas rotas que se reconstruyen

con vino barato,

aguardiente negro.

Prefiero a los cholos,

al pueblo,

los quiltros.

Me gusta la esperanza vieja

y el verbo en movimiento.

VI

Soy la voz tras las plegarias y los cantos.

Recojo piedras y las nombro:

Danza, Canto,

      Eloísa o Sombra.

Luego las guardo bajo la cama,

a la espera de que les nazca un corazón de piedra,

          a las piedras.

Mi idea no es atraparlas o domesticarlas,

solamente las nombro.

Al pasar el tiempo comienzan a rodar por el piso.

Se abren paso solas

salen de la casa y rueden a sus anchas.

Para las piedras rodar,

es lo mismo que volar para una alondra.

Para mí escribir

es lo mismo que nombrar piedras.

CUARTO CANTO
(Cantos para Olecram)

Mónica Montero F.

Lo que he perdido

He perdido mi cédula de identidad,

la tarjeta RUT,

la Bip,

un anillo de acero quirúrgico,

la inocencia.

He perdido a Dios,

algún diente,

la esperanza.

Un libro de Jodorowsky

rasgado.

La fotografía de mi madre,

un hermano.

No está en la cárcel,

ni en el manicomio.

No está muerto,

lo he perdido.

Así se pierde el cuchillo

hundido en la carne.

Despierta

Es un frío invierno.

No he podido izar las mantas

para dibujar una casa

en el parque,

en las sombras,

a la luz de una botella.

    Aún:

merodean hombres con hachas,

        decapitan,

guardan los cuerpos

      por años,

practican el ocultismo,

el esquizofrenismo,

los evangelios.

Luego exhiben los cráneos

        en los noticieros

y me corre agua por la espalda.

Oigo los nombres:

arrodillada

esperanzada.

¡Qué no seas tú, con los ojos violentos!

Trato de escribir.

Intento las tareas

        que hicimos.

Lo intento

pero siempre tu huella sorda,

tu casta macabra,

y este invierno:

invierno de inviernos.

Hermano,

¿hasta cuándo te marchas

sin cartas póstumas

ni grito de auxilio?

¿Hasta dónde nos rompes?

La boca dibuja

ese gesto tuyo

que nunca recuerdo.

Un caldo anega la entrada de la casa grande.

Es la vieja…

(llora por las noches).

Son tus lágrimas y las de ella

las que ensopan los pies de tus críos.

Esta culpa

nos machaca el semblante.

Te borro de mi agenda,

cada día te doy la espalda,

mas ella no puede, no sabe negarte.

Le duele el vientre seco,

los dolores de parto la despiertan

y le nace un hijo viejo,

translúcido,

desbocado.

Sueña que es una planta

que sus vástagos se van desprendiendo

hasta desgarrarla.

Canto

¿Cuántas pastillas bastan para desaparecer?

¿Cuánto humo?

¿Cuánta culpa?

Vuelve, Olecram. Vuelve.

Aquí todos te esperan;

los que rompieron tu noche

quemaron tu ropa,

los carceleros y vendedores,

esos,

que te patearon el rostro

cada vez que no te alcanzó el dinero

tus violadores.

Todos preguntan por ti.

Las cosas no cambian,

se ríen como siempre las hienas.

Tus amores (todos muertos)

tuvieron hijos.

Niños cargan la merca,

la pasta,

      los cuchillos,

            la historia.

Yo te olvidé para siempre

         siempre te olvido.

Son otros los que te buscan

y vienen con sus clavos en la frente

        a pedir que te escriba.

Esperan la tarde

para lanzar murmullos

que retumban en mi nuca:

        ecos abismales.

Antes creí que era Dios el que me hablaba…

Doblé las dosis, Olecram.

Desde entonces tu risa se evapora,

        cae sobre la cama y dibuja

navajas cartoneras.

Me irrumpen los cobardes.

Creen que guardo una culpa.

Como quiltras viejas, quiebran las raíces

de las uvas.

El sol devora las hojas

y se hace polvo

esa infancia bajo parras.

Ahora sobria

puedo recordar mi vejez.

Dos veces crucé la línea de la muerte.

Un hilo de sangre salió de mi boca.

No fue el vino,

sino el hambre moliendo mi tufo limpio.

Soy como todos, Olecram.

Culpo al pasado de mis errores.

Nada es más falso que mi arrepentimiento,

nada es más negro que este blanco dolor, blanco.

¡Cómo te olvido!

Si tú vieras cómo te olvido

sentirías espinas en la garganta.

Ven por mí,

        ven y acúsame de algo.

Túmbame ante el afán del miedo.

Apúrate, oye, apúrate,

        se me va la vida

en este catre.

Se mueren las uvas

que velan mis recuerdos.

Acúsame, dime que nunca fui digna,

ni buena hermana,

        ni buena hija.

Misterios

El mundo se va a acabar.

        Lo dicen los hombres

uno tras otro con la frente al suelo.

Nunca se atreven a contradecir

las predicciones de los psíquicos

que en pantalla de alta resolución

leen las runas

        el tarot,

            los pliegues del ano.

Los mercaderes la llevan, Olecram.

Ellos sentencian los finales.

Yo, que he deseado

a la mujer de mi prójimo,

conozco los castigos y los perdones.

Tú no te alarmes,

aún duermen niños en el Mapocho.

Matías del Río los entrevista.

Se ve linda la miseria en la tele.

Creo haber visto tu aspecto

en los rostros quebrados.

Por eso mi insomnio

empuja la noche

al martirio.

Lo terrible no se diluye,

así el mundo se desprenda.

No te alarmes,

el olvido es la regla inquebrantable.

No te arrastres por el desierto,

ni mires al sur de este loquerío.

Todos

       estamos

             perdidos, Olecram.

Unos más hundidos,

más ahogados y revolcados que otros.

No eres el único,

no te jactes:

la comarca está llena.

Maniacos suicidas

que se quiebran la frente

y se van sin anuncios

ni cortejos.

Mónica Montero F.

Desde la orilla

Dejé de buscarte

en hospitales y cementerios.

A veces

se eleva una voz prisionera

que te nombra.

Afuera los hombres recogen cartones,

los doblan escrupulosos

y los ordenan sobre sus carritos.

Tú ya conoces este paisaje.

Hay perros hambrientos…

Los traficantes de siempre

se asoman por ventanales

esperan silentes el arribo,

los conquistadores de mundos brillantes.

¿Te acuerdas, Olecram?

Trepaste los árboles de Escanilla…

fuiste hasta los autos que descendían

los jardines miserables, de Independencia.

¿Quiere que se lo cuide, señor?

Tu voz de pájaro muerto

rompía en ternuras el invierno.

Con un trapito en las manos

sacabas lustre a esos sueños tuyos

que se quedaron dormidos

en alguna orilla de la infancia.

Que ya no te sueño

          es cierto,

pero intenta cargar esta cruz

y verás cómo se resbalan los huesos.

Tu venganza es un adiós

        sin piedad.

Tu recuerdo hoy abrió mis libros;

fue hora de aclarar los cielos.

Me quedo sentada,

presiento unas alas confusas.

¿Por qué nunca pude leer tu melancolía?

Hermano, esto no es una crítica,

es el lenguaje de la edad,

es la tenue figura de la vida.

        Ya lo confesé.

Adivino a los hombres abandonados,

esos que cargan una biblia.

Una noche, una de esas noches,

en mis manos pude ver siete dedos.

Fue espantoso.

Querido, el espanto significa muerte.

Al amanecer, en ese instante,

me vi expuesta y desolada.

La bronca

Las mañanas húmedas comienzan azules

cuando usted abre la boca

y pronuncia mi nombre.

He aprendido a vivir sin eso,

sin su mirada excelsa,

sin la fiesta de su risa.

He aprendido a no soñar con el hijo

que lleve en la frente

la marca indeleble de su estirpe.

He remendado mi amargura

con una mueca hendida

que aparenta alegría.

Mis pasos cautelosos

se enhebran en esta telaraña,

en esta isla.

No he llorado por usted,

no lo nombro,

jamás le he hablado a su retrato,

esperando que por milagro

responda a mis palabras.

Recuerdo su puño ensangrentado,

la metamorfosis en el rostro,

cuando el veneno

le destrozaba la nuca.

Yo recuerdo haberle visto los ojos muertos.

El alba no era su amiga,

le dije y se lo dijeron,

pero ella le había ofrendado la noche,

toda la noche para usted.

Por eso lo culpo y le clavo este verso.

Yo a usted le corono esta bronca,

esta mi única daga,

el único filo que tengo.

En paz

Un día estaré tan vieja,

tan sorda y ciega,

que te veré en el rostro

de un amigo de mis hijos.

—¡Olecram! —exclamaré

con mi vocecita de gata enferma

al verlo entrar en la sala.

Él intentará en vano

explicar que su nombre es Gabriel,

o tal vez Pedro…

Se despedirá urgido,

nervioso ante mi insistencia

de llamarlo Olecram.

Lanzará antes

una mirada de lástima

a la pobre vieja loca.

—Adiós, Olecram, vuelve pronto —le diré

alzando mi rugosa mano.

—Adiós, señora —dirá el hombre.

Yo convencida de haber visto tus ojos

abiertos y encendidos.

Podré por fin cerrar

y apagar los míos.

Biografía

M ónica Montero F.
Poeta, escritora Chilena, noviembre 1966.

Ha publicado VARONA, poesía. (Primeros Pasos Ediciones), libro que obtuvo segundo lugar en Premio Municipal de San Bernardo, año 2012.

Ha sido publicada en antología "22 voces" NOVISIMA Poesía Chilena 1994, GENETRIX, 1999, CAJA DE PANDORA, 2012, y diversas revistas literarias.

Obtuvo primer lugar concurso literario Manuel Rojas, 2012, con el cuento; Marga.

Directora de La Otra Costilla, revista artística literaria, de distribución nacional y latinoamericana.

Gestora cultural, trabaja en creación de eventos artísticos culturales, congregando artistas nacionales, pertenece a SECH, sociedad de escritores de Chile.

Tabla de Materias

Colofón

Este libro se imprimió mecánicamente, no sabemos dónde ni cuándo, por algún robot dedicado a la impresión bajo demanda. Por lo tanto, nos es imposible indicar cuántos ejemplares han sido producidos a la fecha ni cuántos lo serán en el futuro. Esperamos que se haya usado papel Bond blanco y una tapa de cartulina polilaminada a color, con una encuadernación rústica mediante *hotmelt*. Por lo menos estamos seguros de haber usado la tipografía *Book Antigua*, en varios tamaños y variantes, para la mayoría de su interior.

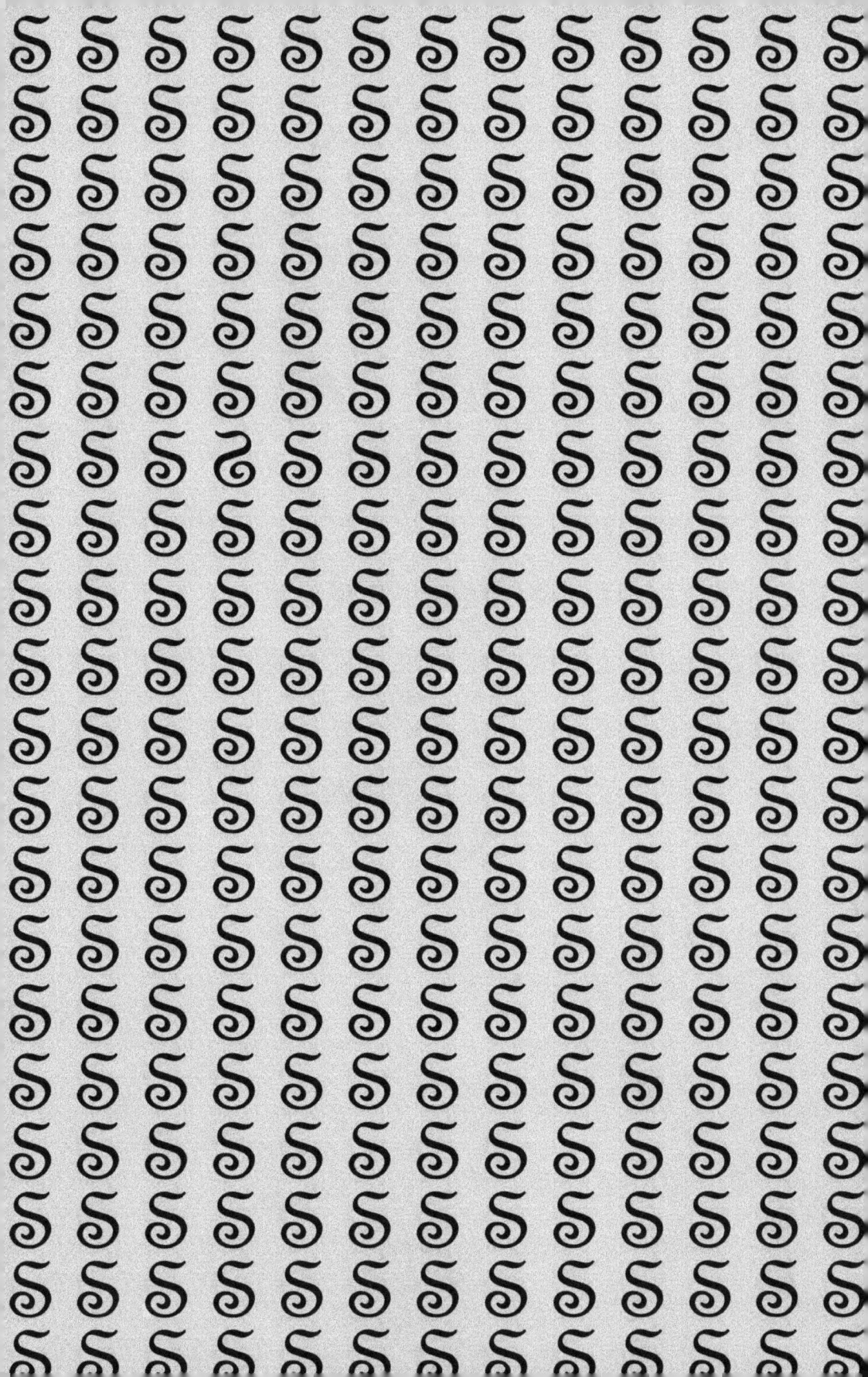

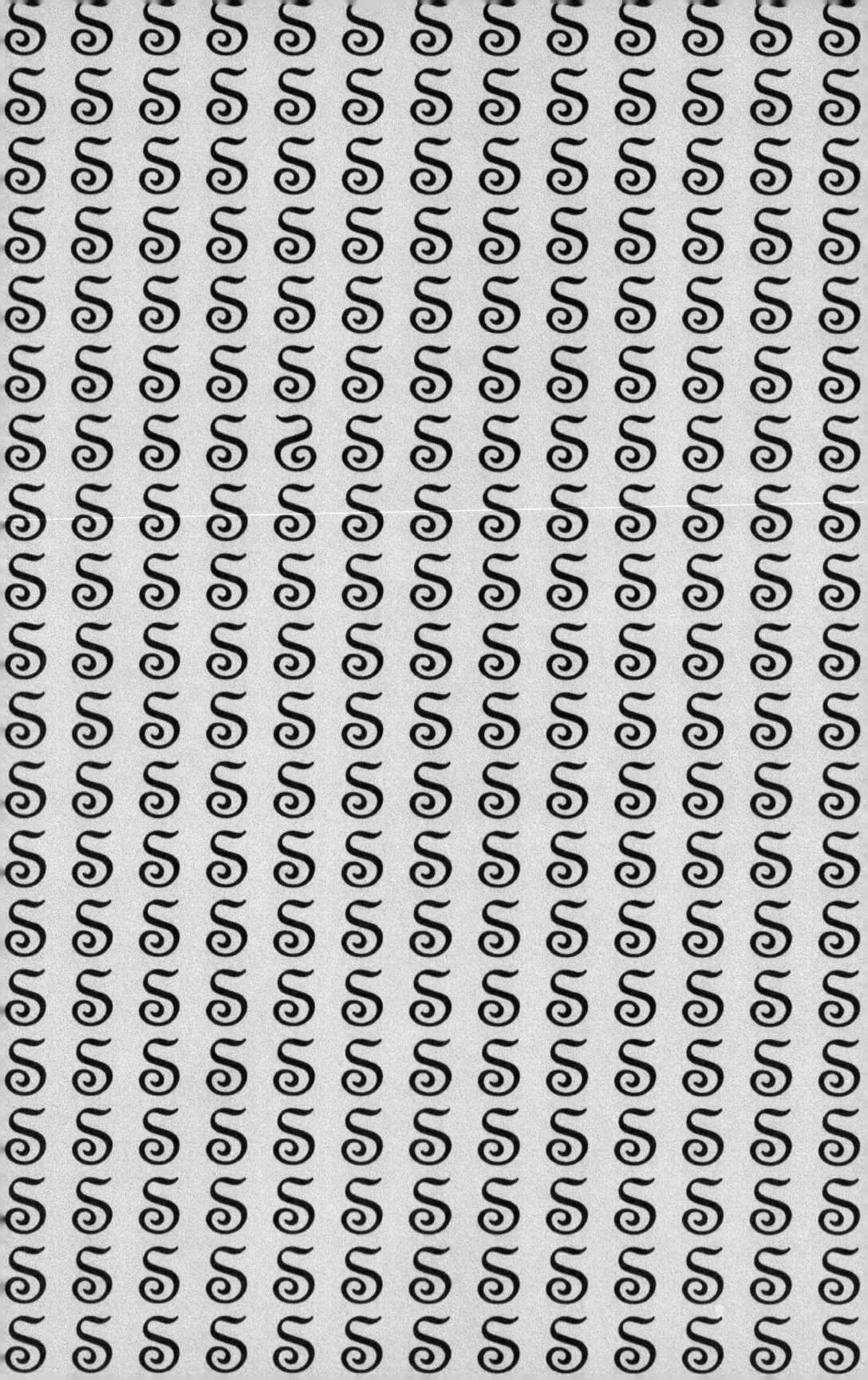